Welcome to our HappyStoryGarden!

Copyright © 2024 by Viktoriia Harwood

All rights reserved.

No part of this book may be reproduced in any form or by any electronic or mechanical means, including information storage and retrieval systems, without written permission from the author, except for the use of brief quotations in a book review.

2024

Виктория Харвуд

Кем я стану?

...когда вырасту...

загадки и ответы в картинках

Книга 1

Посмотри на каждого малыша и назови, кем он станет, когда вырастет.

Ты уже умеешь читать?

Тогда ты узнаешь из наших книг еще больше о жизни животных и птиц в дикой природе и дома.

Каждый малыш из мира животных и птиц должен научится очень многому, чтобы жить в мире и выжить в дикой природе и его жизнь всегда полна опасностей и приключений.

А теперь, мы с тобой отправляемся в удивительное путешествие под названием

"Кем я стану когда вырасту?"

Ты встретишь взрослых и малышей:

1. Заяц
2. Гусь
3. Хомяк
4. Лягушка
5. Дельфин
6. Бегемот
7. Кит
8. Лев
9. Коза
10. Волк
11. Крокодил
12. Медведь
13. Олень
14. Тигр
15. Бобер
16. Кот
17. Собака
18. Морская свинка
19. Верблюд
20. Лиса
21. Жираф
22. Ёжик
23. Корова
24. Морж
25. Черепаха
26. Шимпанзе
27. Кенгуру
28. Носорог
29. Зубр
30. Белка
31. Мышь
32. Слон
33. Индюшка
34. Овца
35. Обезьяна
36. Лошадь
37. Свинья
38. Морской котик
39. Утка
40. Курица

Меня называют цыпленком и я знаю что я птица.
Когда я вырасту, у меня будут крылья и красный гребешок, я буду жить в курятнике и нести яйца.
Кем я вырасту?

КУРИЦА

Я птица и меня называют **утенком**. Когда я вырасту, я смогу летать, плавать и нырять, чтобы доставать вкусные водоросли со дна пруда.

Кем я стану, когда вырасту?

УТКА

Меня называют щенком, но я не собака.
Когда я вырасту, я буду большой и толстый, буду хорошо плавать и ловить рыбу под водой, а еще лежать на берегу океана или моря в стае.
Кем я стану, когда вырасту?

Морской котик

Меня называют поросенком.
Когда я вырасту, я буду большой и красивый с жесткой щетиной и большими ушами. Я научусь рыть землю пятачком в поисках вкусных корешков.
Как меня будут называть?

СВИНЬЯ

Меня называют *жеребенком*, я умею быстро бегать и люблю свежую траву и морковь.

Когда я вырасту, я буду помогать людям и катать их на своей спине.

Кем я стану, когда вырасту?

ЛОШАДЬ

Меня называют обезьянкой.

Когда я вырасту, я буду ловко прыгать по деревьям и искать вкусные фрукты, я буду жить в стае.

Кем я стану, когда вырасту?

ОБЕЗЬЯНА

Меня называют **ягненком**.
Когда я вырасту, то буду красивым и смогу давать людям много шерсти.
Кем я стану, когда вырасту?

ОВЦА

Меня называют зайчонком, и я живу в теплом гнезде, спрятанном среди травы.

Когда я стану взрослым, у меня вырастут длинные уши и крепкие задние лапы, я научусь быстро бегать по полям и лесам.

Как меня будут называть?

ЗАЯЦ

Меня называют **индюшонком**.
Когда я вырасту, я буду красивой большой птицей с темным оперением и важным видом.
Я буду жить на ферме.
Кем я стану, когда вырасту?

ИНДЮК

Меня называют слоненком.
Когда я вырасту, я буду большой добрый и сильный и у меня вырастет длинный хобот.
Кем я стану, когда вырасту?

СЛОН

Меня называют мышонком, и я живу в гнезде с другими мышатами в поле.

Когда я вырасту, я вырою себе норку и буду делать запасы вкусных зёрнышек.

Кем я вырасту?

ПОЛЕВАЯ МЫШЬ

Меня называют бельчонком, и я живу в дупле высоко на дереве.

Когда я вырасту, я буду ловко лазать по деревьям, собирать орехи и грибы и прятать их на зиму.

Кем я стану, когда вырасту?

БЕЛКА

Меня называют зубренком и я живу.
Когда я вырасту, я стану большим сильным и лохматым.
Я буду жить в табуне.
Кем я стану, когда вырасту?

ЗУБР

Сейчас меня называют носорожек.
Когда я вырасту, я буду большим сильным с толстой кожей и большим рогом на носу.
Кем я вырасту?

НОСОРОГ

Меня называют кенгуренком и сейчас я живу у мамы в сумке на животе.

Когда я вырасту, я буду сильным и научусь хорошо и далеко прыгать.

Кем я стану, когда вырасту?

КЕНГУРУ

Меня называют черепашонком. Я вылупился из яйца, которые мама зарыла в песке.

Когда я вырасту, мой панцирь станет очень крепким.

Кем я стану, когда вырасту?

ЧЕРЕПАХА

Меня называют обезьяненок, я умею ловко лазать по деревьям.

Когда я вырасту, я буду сильным и ловким и у меня будет красивая темная шерсть.

Кем я стану, когда вырасту?

ШИМПАНЗЕ

Меня называют моржонком.
Когда я вырасту, я стану большим и толстым, у меня будут усы и грозные бивни.
Кем я вырасту?

МОРЖ

Сейчас меня называют телочкой.
Когда я вырасту, я буду доброй и большой, я буду давать людям молоко.
Кем я стану, когда вырасту?

КОРОВА

Меня называют ежонком.
Когда я вырасту, то буду ловким ночным охотником и очень колючим.
Кем я стану, когда вырасту?

ЕЖ

Меня называют жирафенком и у меня очень длинная шея. Когда я вырасту, я буду очень высоким и смогу доставать листья с верхушек деревьев.

Кем я стану, когда вырасту?

ЖИРАФ

Меня называют лисенком.
Когда я вырасту, я буду ловким и хитрым охотником, у меня будет пушистый рыжий хвост.
Кем я стану, когда вырасту?

ЛИСА

Меня называют верблюжонком.
Когда я вырасту, я буду очень сильным, стану помогать людям в пустынях и степях переносить грузы.
Кем я стану, когда вырасту?

ВЕРБЛЮД

Меня называют хомячком.
Когда я вырасту, я буду делать запасы семян и орехов за щеками, буду толстым и добродушным.
Кем я стану, когда вырасту?

ХОМЯК

Меня называют поросенком, хотя я не похож на свинью и я боюсь воды.

Когда я вырасту, у меня будет шелковистая шерсть и длинные передние зубки, и все будут любить меня.

Кем я стану, когда вырасту?

МОРСКАЯ СВИНКА

Меня называют щенком.
Когда я вырасту, я буду умным, громко гавкать и помогать людям охранять дом.
Кем я вырасту?

МОРСКАЯ СВИНКА

Меня называют щенком.
Когда я вырасту, я буду умным, громко гавкать и помогать людям охранять дом.
Кем я вырасту?

СОБАКА

Сейчас меня называют котенком.
Когда я вырасту, как меня будут называть?

KOT

Меня называют бобренком.
Когда я вырасту, я научусь валить огромные деревья и строить плотины на реках.
Кем я вырасту?

БОБЕР

Меня называют тигрёнком и я живу в тайге.
Когда я вырасту, я буду сильным и свирепым.
Кем я стану, когда вырасту?

ТИГР

Меня называют олененком и я живу в лесу.
Когда я вырасту буду сильным, буду уметь высоко и далеко прыгать, и быстро бегать.
Кем я стану, когда вырасту?

Олень

Меня называют медвежонком. Сейчас я маленький, а когда стану взрослым, буду огромным лохматым и свирепым, научусь ловко лазать по деревьям и ловить рыбу в реках. А еще я люблю мед.

Кем я стану, когда вырасту?

МЕДВЕДЬ

Меня называют зубастым крокодильчиком. Когда я вырасту, я буду большим и самым сильным в нашей реке. Я буду хороший охотник.
Кем я стану, когда вырасту?

Крокодил

Меня называют гусенком, и я птица.

Я люблю плавать и нырять. Когда я вырасту, у меня будут большие крылья и длинная шея и я буду летать высоко в небе, а на зиму вся моя стая улетает в теплые края.

Кем я стану, когда вырасту?

ГУСЬ

Сейчас меня называют волчонком, и я живу в лесу. Когда я вырасту, я буду хорошим охотником и у меня будут большие белые клыки. Все животные будут меня бояться и уважать.

Кем я стану, когда вырасту?

ВОЛК

Меня называют козочкой.
Когда я вырасту, я стану красивой и буду есть много травы и давать людям молоко как моя мама.
Кто я буду?

КОЗА

Меня называют львенком, и я живу в африканской саванне в прайде. Когда я вырасту, я буду большим и грозным охотником, у меня вырастет лохматая грива. Меня будут называть Царем зверей.

Кем я стану, когда вырасту?

ЛЕВ

Меня называют китенком иногда теленком.
Когда я вырасту, я буду очень огромным, буду плавать в океанах и есть планктон.
Как меня будут называть?

Синий Кит

Меня называют бегемотиком.
Когда я вырасту, я стану огромным сильным, с толстой кожей и буду есть много травы.
Кем я стану, когда вырасту?

ГИППОПОТАМ/БЕГЕМОТ

Меня называют дельфиненком или теленком, моя мама кормит меня молоком.

Когда я вырасту, я буду большим и веселым, жить в стае и плавать в морях и океанах.

Кем я стану, когда вырасту?

ДЕЛЬФИН

Сейчас меня называют головастиком, и я живу в пруду.

Когда вырасту, я буду ловко прыгать и ловить мух и комаров своим длинным языком, жить в болотах, озерах и прудах.

Кем я стану, когда вырасту?

ЛЯГУШКА

Вот и закончилось наше удивительное приключение! Ты знаешь уже так много животных и их детенышах!

Молодец!

Надеюсь, эта книжка принесла тебе много радости и новых знаний. Мир природы богат и удивителен, и всегда всегда можно узнать что-то новое.

Мы, люди, должны беречь природу и заботиться о животных, птицах и других живых существах.

Спасибо

Спасибо Лесли Харвуд, Зинаиде Кирко и Игорю Кирко – моим первым читателям и критикам!

Их помощь и поддержка для этого проекта неоценимы!

WELCOME TO
THE HAPPY STORY GARDEN

https://thehappystorygarden.co.uk

www.ingramcontent.com/pod-product-compliance
Lightning Source LLC
Chambersburg PA
CBHW051317110526
44590CB00031B/4385